BEI GRIN MACHT SICH IHR
WISSEN BEZAHLT

Markus Löhnert

Der Ball ist rund: Fussball als Sport nicht nur für Männer

Frauenfussball aus ethischem Blickwinkel

GRIN Verlag

Bibliografische Information der Deutschen Nationalbibliothek:

Die Deutsche Bibliothek verzeichnet diese Publikation in der Deutschen National-
bibliografie; detaillierte bibliografische Daten sind im Internet über http://dnb.d-
nb.de/ abrufbar.

Impressum:

Copyright © 2004 GRIN Verlag GmbH
Druck und Bindung: Books on Demand GmbH, Norderstedt Germany
ISBN: 978-3-640-41827-5

Dieses Buch bei GRIN:

http://www.grin.com/de/e-book/134276/der-ball-ist-rund-fussball-als-sport-nicht-
nur-fuer-maenner

GRIN - Your knowledge has value

Der GRIN Verlag publiziert seit 1998 wissenschaftliche Arbeiten von Studenten, Hochschullehrern und anderen Akademikern als eBook und gedrucktes Buch. Die Verlagswebsite www.grin.com ist die ideale Plattform zur Veröffentlichung von Hausarbeiten, Abschlussarbeiten, wissenschaftlichen Aufsätzen, Dissertationen und Fachbüchern.

Besuchen Sie uns im Internet:

http://www.grin.com/

http://www.facebook.com/grincom

http://www.twitter.com/grin_com

Karl-Franzens-Universität Graz

Institut für Ethik und Gesellschaftslehre

Seminar: Fußball und Ethik

Sommersemester 2004

„Der Ball ist rund, das Spiel dauert 2x45 Minuten ...

Fußball als Sport - nicht nur für Männer!"

Seminararbeit

„Fußball und Ethik"

Vorgelegt am 27. Mai 2004

von Markus Löhnert

Inhaltsverzeichnis

1. Vorwort

„Vertrauen ist der Anfang von allem". So hat vor einigen Jahren eine große Deutsche Bank in Werbespots für sich und ihre Produkte geworben. Dieser Satz, denke ich, ist aber genauso außerhalb dieses Einsatzgebietes zutreffend, wenn nicht sogar fast ein wenig intimer als im Bereich von Geld und Vermögen: Vertrauen ist der Anfang von zwischenmenschlichen Beziehungen, es ist die Basis für eine fruchtbare Zusammenarbeit von Kolleginnen und Kollegen und es ist die Voraussetzung für den Erfolg einer Arbeitsgruppe, die sich ein gemeinsames Ziel gesetzt hat. Einer besonderen Form von Arbeitsgruppe begegnen wir im Sport bei allen Mannschaftssportarten. Diese Arbeitsgruppe hat das Ziel, zu gewinnen. Sie will stärker, schneller, besser, treffsicherer sein als die andere. Dabei bedienen sich beide eines Systems von Regeln, um dieses Ziel zu erreichen. Mannschaftssportarten müssen aber nicht unbedingt solche im wörtlichen Sinne sein, nämlich Sportarten nur für Männer. Und doch bedient sich unsere Sprache immer dieses Begriffes, wenn es darum geht, gemeinsam wettkämpfende Gruppen von in besonderer Weise einerseits gleichgesinnten und gleichzeitig einander entgegengesetzten Menschen zu benennen. Eine solche Mannschaftssportart ist der Fußball.

Diese Sportart wird immer noch in erster Linie mit Männern, sowohl auf dem Rasen als auch hinter den Absperrungen, in Verbindung gebracht. Ich werde im bescheidenen Rahmen dieser Arbeit aufzuzeigen versuchen, dass es einerseits viele Frauen gibt, die gerne Fußball spielen und andererseits dass es keinen Grund gibt, warum sie das nicht tun sollten.

2. Begriffsbestimmungen

An den Anfang möchte ich einige Begriffsbestimmungen stellen. Im Zusammenhang mit Fußball gibt es Ausdrücke, die wir auch in unserem alltäglichen Wortschatz verwenden und bei denen es sich aber durchaus lohnt, zurück zu fragen, was sie denn eigentlich bedeuten. Nicht selten stellt sich dabei heraus, dass sie durch ihren Gebrauch oft eine eingeschränktere Nutzung erfahren, als sie es verdient hätten.

Im Zusammenhang mit Fußball wäre da einmal der Begriff der *Mannschaft*. Sucht man nach dem Ursprung des Wortes, stellt sich heraus, dass es auf das mittelhochdeutsche

Wort „Manschaft" zurückgeht, sich also im Verlauf der sprachlichen Modernisierung kaum verändert hat. Damals bezeichnete dieses Wort *Lehens- oder Gefolgsleute*, heute umfasst der Begriff u.a. *eine Gruppe von Sportlern, die ein gemeinsames Spiel führen*[1].

Daraus wird erkennbar, dass es keineswegs nur um eine Gruppe von Männern gehen muss. Es geht um das gemeinsame Ziel, das vor Augen liegt, und das es zu erreichen gilt. Dieses gemeinsame Ziehen am gleichen Strang wird noch deutlicher, wenn man sich die Entstehung des englischen Wortes *„Team"*, eine adäquate Übersetzung für Mannschaft, näher ansieht. Dort liegt der Ursprung im Mittelenglischen, wo das Wort „tEon" den Vorgang des Ziehens oder auch Drückens beschrieb. So wird auch das Wort „Team" nicht nur dadurch erklärt, es bezeichne eine bestimmte Anzahl von Personen, die gemeinsam an etwas arbeiten, sondern auch mit Zugtieren in Verbindung gebracht, die mittels eines Geschirrs vor ein Fahrzeug gespannt sind, um dieses voranzutreiben[2]. Alle jene, die einem solchen Team angehören, kämpfen für eine gemeinsame Sache und ziehen dabei an einem Strang.

Im Sport bestimmt die Vorgehensweise auf diesem Weg ein System von Regeln, das dazu dient, den Ablauf des Wettkampfes und auch das Ziel der Auseinandersetzung klar zu definieren. Diese Regeln gelten für alle, wer gegen sie verstößt, wird geahndet, oder sogar ausgeschlossen. Es geht also darum, fair zu bleiben. Der Sieg zählt nur dann, wenn er auch ehrlich errungen wurde. Naturgemäß gibt es hierbei immer wieder Spielraum für unterschiedliche Auffassungen, vor allem in der Hitze des Gefechts. Oft stehen auch wirtschaftliche Interessen auf dem Spiel, die durch einen Sieg oder eine Niederlage entscheidend beeinflusst werden können.

Dazu gibt es die Person des *Schiedsrichters* oder der *Schiedsrichterin*. Er oder sie überwacht den Spielverlauf, eröffnet die Partie mit dem Anpfiff und beendet sie auch mit dem Schlusspfiff. Regelverstöße werden von ihm oder ihr abgemahnt. Ebenso obliegt ihm oder ihr die Entscheidung, ob ein Tor gültig ist, oder nicht. Wer diese Aufgabe übernimmt, hat sich auf jeden Fall keine gemütliche ausgesucht. Das bringt uns gleich zum nächsten interessanten Kapitel: der Frage nach der körperlichen Beanspruchung.

---

1 Aus: http://www.net-lexikon.de/Mannschaft.html [aufgerufen am 17. März 2004]
2 Aus: http://www.merriam-webster.com/cgi-bin/dictionary [aufgerufen am 17. März 2004]

3. Körperliche Anforderungen an Fußballerinnen und Fußballer

So verlangt die FIFA[3], also der Welt-Verband für Fußball, von seinen Schiedsrichterinnen und Schiedsrichtern eine ausreichende körperliche Kondition zur Erbringung einer Laufleistung während des Spiels von 2.700 Metern, als optimal wird aber ein Bereich zwischen 2.900 und 3.100 Metern angegeben.

Dies ist im Vergleich mit den Laufleistungen der Mannschaft eine Menge: im Jahre 1970 wurden bei einer Analyse der psychophysiologischen Belastung in der ungarischen Oberliga genauere Daten erhoben[4]. Dabei zeigte sich, dass die Verteidiger innerhalb eines Spiels 2.140 Meter, die Läufer 2.880 Meter und die Stürmer 2.360 Meter zurücklegten. Allerdings in sehr unterschiedlichen Formen, mal mit mehr, mal mit weniger Ballkontakt, einmal im Sprint, dann im langsameren Lauf. Der oder die Schiedsrichter/in muss aber das ganze Spiel über sehr schnell sein. Das gilt sowohl für den Lauf auf dem Spielfeld als auch für die Abgabe der Entscheidungen. Er oder sie muss daher während des Spiel danach trachten, immer in Ballnähe zu sein. Auch wenn das nicht immer gelingt, muss er oder sie, wenn sich etwas ereignet, das eine Entscheidung abverlangt, sich schnellstmöglich an den „Tatort" begeben. Fußball ist schließlich ein schnelles Spiel und Spiele mit dem größten Tempo sind die schönsten[5].

Dabei handelt es sich aber dennoch keineswegs um eine Aufgabe, die nur von Männern ausgeführt werden kann. Ein berühmtes Beispiel dafür ist *Nicole Petignat*, eine Schweizerin, die im August 2003 als erste Frau ein UEFA-Cup Spiel in Stockholm „gepfiffen" hat. Sie kam eigentlich durch Zufall zum Fußball.

Als einmal in ihrer Schule bei einem Turnier zwei Burschen gefehlt hatten, wurden sie und ihre Zwillingsschwester gefragt, ob sie nicht mitspielen wollten. Leider konnten die beiden in ihrem Kanton als Spielerinnen mangels einer Frauenmannschaft nicht spielen und so wurden sie eben Schiedsrichterinnen. Ihre Schwester wurde drei Jahre später schwanger und schied aus dem Beruf aus, Nicole wollte weitermachen, um zu sehen „wie weit ich

---

3 Vgl: Teipel, Dieter/Kemper, Reinhild/Heinemann, Dirk: Beanspruchung von Schiedsrichtern und Schiedsrichterinnen im Fußball. Wissenschaftliche Berichte und Materialien des Bundestinstituts für Sportwissenschaft, Bd. 1999,8, Seite 43.
4 Vgl: Teipel, Dieter/Kemper, Reinhild/Heinemann, Dirk: Beanspruchung von Spielerinnen und Spielern, in: Beanspruchung von Schiedsrichtern und Schiedsrichterinnen im Fußball. Wissenschaftliche Berichte und Materialien des Bundestinstituts für Sportwissenschaft, Bd. 1999,8, Seite 21.
5 Vgl: Koppehel, Carl: Der Schiedsrichter im Fußball, Frankfurt/Main: Wilhelm Limpert-Verlag 1971[7], Seite 12.

komme"[6]

Weit, sehr weit sogar! Sie kam als erste Frau im Jahre 2003 auf die Liste der „Weltschiedsrichter des Jahres 2003" und rangiert dort auf Platz 16. Sie hat es also weit gebracht. Ein Beweis dafür, dass Frauen genauso viel von Fußball verstehen wie Männer und dass es lediglich an der Akzeptanz scheitert, dass wir sie auf den Fußballplätzen öfter zu Gesicht bekommen. Nicole Petignat ist ein gutes Beispiel dafür, dass es Frauen möglich ist, auch in dieser Männerdomäne zu bestehen, man(n) schaut ihnen aber umso genauer auf die Finger, es hagelt härtere Kritik bei Fehlern und es Lob gibt es nur bei ganz besonderen Erfolgen[7].

Eine umfangreiche Vorstellung mehrerer Spielerinnen, die sich dieser Herausforderung gestellt haben, wird im Rahmen dieser Arbeit nicht möglich sein. Besonders das Phänomen des Frauenfußballs in den USA verdiente eine eingehende Betrachtung. Damit befasst sich die Arbeit meiner Kollegin Judith Albrich.

Ich hingegen möchte nun jedoch in einem zweiten Schritt einen Überblick über die Entstehung einer professionellen Infrastruktur des Frauenfußballs in Deutschland, der Schweiz und Österreich geben. Dazu gehören Vereine sowie überregionale Wettkämpfe und in weiterer Folge auch die Zulassung des Frauenfußballs bei Europa- und Weltmeisterschaften sowie den Olympischen Spielen.

4. Frauenfußball in Österreich[8]

Der Mädchen- und Frauenfußball hat auch in Österreich eine Aufwärtsentwicklung zu verzeichnen, wenngleich wir mit Deutschland und den nordeuropäischen Ländern noch lange nicht mithalten können. Weltweit spielen zur Zeit zwischen 30 und 40 Millionen Frauen und Mädchen Fußball. Die Vereinigten Staaten sind im Frauenfußball Vorreiter und Vorbild. Alleine dort gibt es 15 Millionen aktiv spielende Frauen und Mädchen, das ist fast die Hälfte aller Fußballerinnen auf der ganzen Welt. In Deutschland liegt die Zahl der Fußballerinnen bei einer Million, die Zuwachsraten dort liegen aber immerhin bei 10 Prozent pro Jahr. Die Schwierigkeiten, Frauenfußball in Österreich in Schwung zu bringen,

---

6 Aus.: „Ich pfeife nicht für die Fans", Artikel in: Die Furche Nr. 12/18. März 2004, Seite 11.
7 Ebd.
8 Vgl: http://www.oefb.at/NR/exeres/35F4B286-11CD-490C-8CD8-4A8FDDF678C7...." [aufgerufen am 17. März 2004]

liegen in der fehlenden Anerkennung durch die Männervereine und den Medien. In Österreich spielen zur Zeit 70 Vereine eine geregelte Meisterschaft im Rahmen der Frauenfußballbundesliga (zwei Divisionen) und mehrerer Landesligen. Alle Jahre wird auch ein Cupbewerb durchgeführt, an dem alle Landesmeisterinnen und die Bundesligavereine teilnehmen. Seit zwei Jahren wird nun auch eine Bundesländermeisterschaft mit den neun Länderauswahlen gespielt. Vier Bundesländer haben bereits auch eine U16[9]-Auswahl, mit denen sie Freundschaftsspiele austragen. In Wien und Vorarlberg gibt es bereits eigene Nachwuchsmeisterschaften. In allen Bundesländern spielen bereits viele Mädchen bis zum 14. Lebensjahr mit den Burschen in gemischten Mannschaften.

Seit 1960 gibt es eine Frauennationalmannschaft, die heuer an der EM-Qualifikation für 2005 teilnimmt. Für die U-19 Nationalmannschaft wird ständig Nachwuchs aus allen neun Bundesländern rekrutiert. Dass der Mädchen- und Frauenfußball auch bei uns eine immer stärker werdende Entwicklung nimmt, zeigt auch, dass über 300 Hobbymannschaften mit Begeisterung Fußball spielen. Die U-19 nimmt heuer an der EM-Qualifikation teil. Meine Recherche im Internet hat ergeben, dass auch einige Damenmannschaften mehrerer Fußballclubs ihre eigenen Websites haben: so zum Beispiel der 1. Svg Guntramsdorf, SV Neulengbach, Union Niederhollabrunn, FC Möllersdorf, FC Meidling, SV Garsten, SV Horn, SV Groß Schweinbarth, DFC LUV Graz, SV Spittal/Drau, FK White Star, FC Südburgenland, ASKÖ Doppl/Hart[10], um nur einige zu nennen.

5. Frauenfußball in Deutschland

Die Fußball spielenden Frauen und Mädchen feierten im Jahr 2000 ein Jubiläum: 1970, also vor 30 Jahren, nahm der DFB-Bundestag[11] die Förderung des Frauenfußballs als Aufgabe des DFB in seine Satzung auf und gab damit grünes Licht für eine großartige Entwicklung, an deren Spitze die Nationalmannschaft steht.

Nach 1989, 1991, 1995 und 1997 gelang am 7. Juli 2001 durch einen 1:0 Finalsieg gegen Schweden in Ulm **zum fünften Mal** der Gewinn der Europameisterschaft. Leider mussten sich die Deutschen Damen Norwegen 0:2 geschlagen geben und wurden „nur" Vize-

---

9 Eine Mannschaft aus Spielerinnen, die das 16. Lebensjahr noch nicht vollendet haben. Ebenso gibt es Nachwuchsmannschaften U19 und U21, jeweils mit entsprechender Altersgrenze.
10 Aus: http://www.frauenfussball.at/Diverses/div_links.htm [aufgerufen am 14.April 2004]
11 DFB=Deutsche Fußball Bundesliga

Weltmeister. Aber 1995 war trotzdem ein besonders wichtiges Jahr für die deutsche Mannschaft, denn sie konnte sich durch ihren zweiten Platz bei der WM für die Olympischen Spiele 1996 in Atlanta qualifizieren, wo zum ersten Mal in der Geschichte ein Fußball-Turnier als Olympische Disziplin ausgetragen wurde. So wurde die einst belächelte Sportart Frauen-Fußball „in den Olymp gehoben". Im Jahr 2000 schließlich konnten die Ladies bei den Olympischen Spielen in Sydney die Bronze-Medaille erringen. Am 13. Oktober 2003 holte sich die Frauen-Nationalmannschaft dann erstmals auch den Weltmeisterschaftstitel durch einen 2:1 Erfolg im Finale gegen Schweden.

Die Deutsche Frauenfußball-Nationalmannschaft wurde von ihrem ersten Auftreten bis zum Olympia-Spiel 1996, bei dem sie leider (noch) keine Medaille erringen konnte, von ihrem Trainer Gero Bisanz betreut. Nach ihm übernahm diese Aufgabe *Tina Theune-Meyer*, Diplom-Sportlehrerin und DFB-Fußball-Trainerin. Gemeinsam mit Ihrer Assistentin *Silvia Neid*, ebenfalls ausgebildete DFB-Fußball-Trainerin, begleitete sie die Nationalmannschaft in mittlerweile mehr als 111 Spielen. Besonders spannend wird es heuer bei den Olympischen Spielen in Athen werden, bei denen natürlich auch die Deutsche Frauen-Nationalmannschaft dabei sein wird. Insgesamt treten bei den Olympischen Spielen 2004 in Athen 16 Männer- und 10 Frauen-Teams in der Disziplin Fußball um zwei Mal Gold, Silber oder Bronze an[12].

So selbstverständlich, wie heutzutage von Frauen und Mädchen Fußball gespielt wird, so verpönt war diese Freizeitbeschäftigung viele Jahre. Der Weg aus dem Innenhof, der Wiese bis ins Stadion zur öffentlichen Anerkennung, geschweige denn den großen Erfolgen national und international, war ein sehr langer und steiniger. Man(n) nahm den Frauenfußball einfach nicht für voll oder ging „Titten schauen". Aber eigentlich kommt es nicht darauf an, wer Fußball spielt. Denn was wirklich zählt, ist der Spaß am Fußballspiel. Und den haben Frauen genauso wie Männer. Und natürlich gehört dazu auch die nötige Ernsthaftigkeit, das Spiel perfekt zu beherrschen und die Lust, auf diesem Weg seine Kräfte und sein Können zu messen.

Zumindest in Deutschland ist der Frauenfußball schon relativ normal geworden, ein fixer Bestandteil der Gesellschaft. Er hat sich diesen ehrenhaft und überzeugend erkämpft. Die großen Erfolge, die bereits errungen wurden, sind gleichzeitig Motivation für junge Frauen,

---

12 Aus:
http://www.athens2004.com/athens2004/page/legacy?lang=en&cid=95ca470429149f00VgnVCMServer2 8130b0aRCRD [aufgerufen am 14. April 2004]

sich ebenfalls für diesen Sport zu entscheiden.

Ein interessantes Detail sei hier noch erwähnt: *in der Anfangszeit des Frauenfußballs in Deutschland war die Spielzeit von gewöhnlich 2x45 Minuten insgesamt um zehn Minuten kürzer gewesen.* Seit dem Jahr 1993 gilt aber auch bei den Frauen die gleiche Spielzeit wie bei Männern. Ein weiterer Schritt zur Gleichberechtigung und auch Anerkennung der Sportart. Nach der jüngsten Statistik sind im DFB 850.534 Mitglieder Frauen. Der Hauptsponsor der DFB Herrenmannschaft ist der Autohersteller *Mercedes-Benz*, jener der Frauen ist der Bonbon-Hersteller *Katjes*. [sic!]

6. Frauenfußball in der Schweiz13

In der Saison 1969/70 bildet sich in der französischen Schweiz eine erste Organisation für Frauenfußball (ARFF), diese besteht aber nur aus welschen Clubs. Zu diesem Zeitpunkt gibt es zwar auch in der deutschen Schweiz bereits mehrere Clubs, diese sind aber noch nicht organisiert. Es findet damals auch eine erste, aber inoffizielle, Meisterschaft statt. Erst am 24. April 1970 wird die „Schweizerische Damenfußball Liga" SDFL in einem Restaurant in Bern gegründet. Diese Liga wird dem Schweizer Fußballverband SFV unterstellt, muss aber ein eigenes Komitee für die Organisation des Damenfußball-Spielbetriebes bilden. Offizielle Statuten werden noch keine definiert, aber mit Unterstützung des SFV wurden grundlegende Weisungen erarbeitet.

Unter anderem enthalten diese auch die Bedingung, dass nur Clubs in die SDFL aufgenommen werden, die sich einem Herrenverein, der Mitglied des SFV ist, als Sektion anschließen.

Eine eigenständige Damenfußball-Liga ist das demnach also noch nicht wirklich. Aber : es kommt in Schaffhausen, dort wo u.a. die angeblich letzten männlichen Armbanduhren zuhause und die Rheinfälle gleich ums Eck sind, zu einem ersten, inoffiziellen, **Länderspiel**, nämlich **Schweiz – Österreich**, welches für uns, wie könnte es anders sein, mit einem *Reinfall* endet: **die Schweiz gewinnt 9:0**. Im selben Jahr findet auch die erste offizielle Meisterschaft statt. Ein Jahr später dann das erste offizielle Länderspiel Schweiz - Frankreich. Dieses endet unentschieden 2:2.

---

13 Vgl: http://www.frauenfussball.ch/geschichte/geschichte70.php [aufgefufen am 14. April 2004]

Erst ab der Saison 1978/79 gibt es so etwas wie eine Nationalliga mit 10 eigenständigen Mannschaften und einer Nationalmannschaft, *Bruno Streit* wird am 1. Januar 1979 der erste Trainer. Außerdem wird in der Saison 1978/79 erstmals die „separate Leibchenwerbung für Damenmannschaften" zugelassen. In die gleiche Saison fällt das **zweite Länderspiel Österreich gegen Schweiz, welches wir**, trotz Heimvorteils in Linz, **2:6 verlieren.** Auch in der Saison 1981/82 werden **zwei Länderspiele gegen Österreich** ausgetragen, die die **Schweiz wieder 1:0 für sich entscheidet.**

Im Jahr 1983 findet die erste Damenfußball EM statt. Die Schweiz belegt dabei in der Gruppe 2 hinter Italien und Frankreich vor Portugal den 3. Platz. Momentan belegt die Schweiz in der FIFA-Weltrangliste den 27. Platz, ist also deutlich erfolgreicher als Österreich (wir sind 48.), aber immer noch weit hinter Deutschland, das derzeit die Weltrangliste anführt.

Weil vorhin die Weltmeisterschaft angesprochen wurde, möchte ich hier bei dieser Gelegenheit gleich die **aktuelle Weltrangliste** (zumindest die ersten 20 Ränge) wiedergeben[14]:

Platz Team	Punkte: 24. Okt	Platz: 29. Aug	Veränd.	Platz:16. Jul	Veränd.	Platz 2002	Veränd.
1 Deutschland	2201	3	2	3	2	3	2
2 USA	2166	1	-1	1	-1	1	-1
3 Norwegen	2131	2	-1	2	-1	2	-1
4 Schweden	2095	5	1	5	1	5	1
5 China VR	2064	4	-1	4	-1	4	-1
6 Brasilien	2042	6	0	6	0	6	0
7 Korea DVR	1994	7	0	7	0	7	0
8 Dänemark	1981	8	0	8	0	8	0
9 Frankreich	1967	9	0	9	0	9	0
10 Italien	1947	10	0	10	0	10	0
11 Kanada	1911	12	1	12	1	14	3
12 Russland	1897	11	-1	11	-1	11	-1
13 England	1861	13	0	13	0	12	-1
14 Japan	1841	14	0	14	0	13	-1
15 Holland	1815	16	1	16	1	15	0
16 Australien	1810	15	-1	15	-1	15	-1
17 Island	1796	17	0	17	0	18	1
18 Ukraine	1778	18	0	18	0	17	-1
19 Finnland	1773	20	1	20	1	20	1
20 Spanien	1767	19	-1	19	-1	22	2
48 Österreich	**1522**	**48**	**0**	**48**	**0**	**47**	**-1**
113 Cayman-Inseln	902	113	0	108	-5	99	-14

---

14 Aus: http://fifaworldcup.yahoo.com/03/de/t/ranking.html [aufgerufen am 6. Mai 2004]

Die nächste Weltmeisterschaft findet im Jahr 2007 in China statt.

7. Die Position der FIFA zum Frauenfußball

Jeder oder jede, der bzw. die schon einmal einen Fernsehbericht von einem großen Fußballspiel gesehen hat, ist schon einmal über den Begriff FIFA gestolpert. Dahinter verbirgt sich die weltweite Fußball-Dachorganisation. Sie wurde im Jahr 1904 in Paris gegründet mit dem Ziel, weltweit einheitliche Regeln für Wettkämpfe einzuführen und auch solche zu veranstalten. Die einzelnen Nationalverbände sind Mitglied in der FIFA und stellen so sicher, dass zB der Ausschluss eines bestimmten Spielers oder einer Spielerin bei einem Spiel bzw. seine oder ihre Sperre auch von den anderen Nationen akzeptiert wird. Ebenso dürfen Spielerinnen und Spieler nicht gleichzeitig in zwei verschiedenen Nationalverbänden spielen.[15]

Bei der FIFA gibt es natürlich auch ein Komitee für Frauenfußball und die FIFA Frauenwettkämpfe. Den Vorsitz dieses Komitees führt Worawi Makudi aus Thailand. Seine Stellungnahme liegt nur auf Englisch vor. Ich habe mir erlaubt, sie auf Deutsch zu übersetzen und hier wiederzugeben:

Es erfüllt uns mit großer Freude, zu beobachten, welche großartigen Fortschritte Frauenfußball in den vergangenen Jahren gemacht hat. Schon seit langem wurden alle Behauptungen, Fußball wäre nur ein Sport für Männer, vollständig widerlegt, letztlich auch dadurch, dass wir inzwischen stolz die Zahl von 30 Millionen weiblicher Fußballspieler weltweit zählen dürfen.

Mit der Einführung der Weltmeisterschaft FIFA U-19, die sich als sehr erfolgreich erwiesen hat, und auch der bereits bestehenden Olympischen Wettkämpfe und dem FIFA Weltcup, steht nunmehr wohl außer Frage, dass sich der Kampfgeist und die technische Qualität des Frauenfußballs sehen lassen können. Auch die Fans haben in beeindruckender Weise Ihre Begeisterung für Frauenfußball zum Ausdruck gebracht, indem sie in rekordverdächtiger Anzahl zu den FIFA Events kommen, zum Beispiel die mehr als 90.000 Zuschauer beim Finale des FIFA Weltcups 1999.

---

15 Vgl. http://www.fifa.com/en/organisation/historyfifa.html [aufgerufen am 14. April 2004]

Nichtsdestoweniger wird sich die FIFA nicht auf ihren Erfolgen in der Vergangenheit ausruhen, sondern hat sich zum Ziel gesetzt, diese Sportart weiter voran zu treiben.

Schließlich gibt es für die weitere Entwicklung des Frauenfußballs in der Welt noch mehr als genug zu tun. Dabei ermutigt uns natürlich die ständig steigende Anzahl von Fußballspielerinnen, aber wir müssen ungeachtet dessen weiter in einem positiven Sinne für diese Sportart Werbung machen. Einer unserer wichtigsten, aber möglicherweise noch eher unbekannten, Ziele ist es, in jenen Ländern Trainingsprogramme für Frauen einzurichten, die bisher noch keines haben. Indem wir dieses Konzept in der Zukunft noch weiter ausbauen, nimmt die FIFA ihre Verantwortung allen nationalen Administratoren gegenüber wahr, um damit die wirtschaftlich und sportlich erreichbaren Meilensteine zu schaffen, die diese benötigen.

Es gibt viel, worauf wir stolz sind und aber auch noch viel Arbeit zu tun. Über allem steht jedoch der Wunsch der FIFA, eine weltweit gleichberechtigte Basis für den Fußball zu schaffen, aufgrund dieser jede Frau die Möglichkeit hat, mit Freude Fußball zu spielen, denn schließlich ist dieses wunderbare Spiel für alle gedacht.[16]

8. Zusammenfassung

Fußball spielen macht Spass. Und wer schon nicht selber über den Rasen fegen möchte, um das runde Leder schneller als seine Gegner ins richtige Tor zu befördern, hat meistens doch auch Spass daran, dabei zuzusehen. Und diese Sportart ist alt, schon seit Jahrhunderten wird sie in vielen Teilen der Welt gespielt. Aber nach wie vor ist die Mehrheit der Spieler derzeit noch männlich. Ebenso liegt das große Kapital für die dicken Werbeverträge (abgesehen von Katjes für die Deutsche Frauen-Nationalmannschaft) noch immer bei den großen Männerclubs. Das müßte aber nicht so sein, denn es gibt keinen vernünftigen Grund, warum Frauen **nicht** Fußball spielen sollen. Niemand hat den Fußball nur für Männer erschaffen. Die Frauen in den Nationalmannschaften, aber natürlich auch in den Regionalligen, in Deutschland, Schweiz, Österreich und anderen Ländern, besonders in den USA, zeigen, dass sie genauso hart trainieren und sich dabei sogar härteren Hürden gegenübersehen als Männer, um Erfolg zu haben. Als Frau im Fußball

---

16 Vgl: http://www.fifa.com/en/organisation/committee/index,13.html [aufgerufen am 17. März 2004, übersetzt von M. Löhnert]

ernst genommen zu werden, ist nichts Selbstverständliches. Aber wichtige Institutionen, zB die FIFA, bemühen sich, diese Vorurteile abzubauen und in Ländern, wo es noch keine organisierte Struktur gibt, beim Aufbau einer solchen mitzuhelfen. Der Ball ist rund – das Spiel dauert 2x45 Minuten. Möge das bessere Team gewinnen. Denn: alle ziehen an einem Strang – Frauen wie Männer.

Literaturliste

Internet:

- http://fifaworldcup.yahoo.com/03/de/t/ranking.html
- http://www.athens2004.com/athens2004/page/legacy?lang=en&cid=95ca470429149f00VgnVCMServer2
  8130b0aRCRD
- http://www.fifa.com/en/organisation/committee/index,13.html
- http://www.fifa.com/en/organisation/historyfifa.html
- http://www.frauenfussball.at/Diverses/div_links.htm
- http://www.frauenfussball.ch/geschichte/geschichte70.php
- http://www.merriam-webster.com/cgi-bin/dictionary
- http://www.merriam-webster.com/cgi-bin/dictionary
- http://www.net-lexikon.de/Mannschaft.html
- http://www.oefb.at/NR/exeres/35F4B286-11CD-490C-8CD8-4A8FDDF678C7....

Literatur:

- **Helmberger, Doris**: „Ich pfeife nicht für die Fans", Artikel in: Die Furche Nr. 12/18. März 2004, Seite 11.

- **Koppehel, Carl**: Der Schiedsrichter im Fußball, Frankfurt/Main: Wilhelm Limpert-Verlag 1971[7], Seite 12.

- **Teipel, Dieter/Kemper, Reinhild/Heinemann, Dirk**: Beanspruchung von Schiedsrichtern und Schiedsrichterinnen im Fußball. Wissenschaftliche Berichte und Materialien des Bundestinstituts für Sportwissenschaft, Bd. 1999,8, Seite 43.